게으름의 미학

게으름의 미학

윤성호 제2시집

지금 호수에 빛나는 은빛 아지랑이 따라
스멀스멀 올려 퍼지는 수화기 너머
서로에게 행복한 날들 기원하고 있다

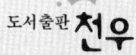

● 책머리에

풀꽃 흐트러진 길가
곱게 드리우는 진한 향기에
고추잠자리 가던 길 멈추고
맴맴맴 맴을 돈다.
빨간 꽃을 사랑할까
하얀 꽃을 사랑할까
주홍빛 꽃을 사랑할까
망설이다가
하늘 높이 솟구치며 하는 말

"모두를 사랑할 수는 없을까"
……

모두를 사랑할 수 없는
작은 몸이 안타까워
흐르는 눈물을 감추려
오던 길 바삐 돌아서 간다.

2025년 여름
윤성호

● 축사

우주를 아우르는 시혼(詩魂)의 향기

김 천 우
시인, 문학평론가, (사)세계문인협회 이사장

　윤성호 시인의 시집 속 언어의 아름다운 조각들을 탐독하면서 경이로움과 함께 시인의 내적 화자의 깊고 넓은 시의 세계에 푹 젖어 들었다. 섬세하면서도 풍요로운 사색의 창(窓)에 오색 물감을 풀어 놓은 듯 들꽃들의 정원을 연상하는 언어의 미학(美學)이 불볕더위까지 날려 보낸 듯하다. 윤성호 시인의 독특한 화자의 시상(詩想)은 눈길을 끌 만한 진면목을 골고루 잘 조명한 아름다운 서정의 향기는 눅눅한 마음까지도 팔색조의 설렘으로 푹 젖어 들게 하는 시의 깊은 멋과 맛을 잘 우려낸 수려한 작품이다.

　특히 서문에서 "모두를 사랑할 수는 없을까?" 라는 대목은 독자들의 애간장을 뜨겁게 녹여주는 역할을 한다. 모두를 사랑할 수 없는/ 작은 몸이 안타까워/ 흐르는 눈물을 감추려/ 오넌 길 바삐 돌아서 간다. 이 얼마나 서정적이면서도 따뜻한 인간애가 묻어나는가? 시인의 사랑이 얼마나 숭고하고 투명한 유리 거울 같은 순정이 담겨 있는지 모른다. "삶은 발견하는 것이 아니라 만들어 가는 것이다"라는 조지 버나드 쇼의 말처럼, 윤성호 시인의 인생 여정을 일목요연(一目瞭然) 한 시의 향기로 요소요소에 잘 접목시킨 점들이 시인만의 내면세계가 얼마나 경이롭고 풍요로운가를 말해 주고 있다고 해도 과언이 아니다.

시 한 편으로 모든 것을 아우르는 시인의 절창은 만인들의 가슴을 꽃물로 흥건히 적신다.

   봄은/ 꽃이 피는 것만으로도/ 기쁨이고 행복이고 사랑이다/ 봄은/ 이렇게 여인의 가슴에 불을 지핀다/ 봄/ 봄은/ 저 꽃대궐 속에 있는 당신을/ 꽃 중의 꽃으로 더욱 빛나게 한다

— 「봄(9)」 중에서

제1부
게으름의 미학

- 책머리에
- 축사 　김천우(시인, 문학평론가, (사)세계문인협회 이사장)

중앙탑 연가 __ 15

복된 날 __ 16

삼탄강변에서 __ 17

주공 3단지 길 (春) __ 18

무명시 __ 20

포구로 돌아오는 배 __ 21

블랙홀 __ 22

강변다방 __ 23

지게(4) __ 24

고향(10) __ 26

윤슬로 빛나는 하루 __ 27

호암지 연가 __ 28

풀꽃(3) __ 30

大關嶺 __ 31

게으름의 미학 __ 32

꿈꾸는 왕국 __ 34

충주 연가 __ 36

제2부
신비한 세계

보여지는 것의 의미(하나) _ 39

보여지는 것의 의미(둘) _ 40

봄의 향연(饗宴) _ 41

잠자리 _ 42

신비한 세계 _ 43

세월(歲月) _ 44

화롯불 _ 45

산사 가는 길(2) _ 46

3월의 어느 날 _ 47

그리움(3) _ 48

국화 옆에서 _ 49

못 지킨 약속 _ 50

하얀 나라(두루마리 화장지) _ 52

여름밤 _ 54

저녁 한때 _ 56

솔섬 _ 57

밤송이 _ 58

제3부
삶의 지침에 대한 소고

들국화(1) __ 61

눈 온 뒤 그리고 아침 __ 62

까치밥 __ 63

삶 __ 64

봄(9) __ 65

봄비 지나간 자리 __ 66

산골 마을 __ 67

시월에 __ 68

산골 마을(2) __ 69

삶의 지침에 대한 소고 __ 70

밤 비행기 길을 잃다 __ 72

앵두 __ 74

회갑연에서 __ 75

지게 __ 76

토담집 헐리던 날 __ 78

아침에 __ 80

제4부
가는 놈 오는 놈

거미집 __ 83

가는 놈 오는 놈 __ 84

현실 __ 86

울타리 __ 88

앞산 풍경 __ 89

눈 __ 90

노을에 지다(3) __ 92

하루살이(1) __ 94

모기와의 전쟁 __ 96

북망산 까치(2) __ 97

깃대 __ 98

갑질 시대 __ 100

마지막 잎새 __ 102

폭염 __ 103

조국 __ 104

걷자 __ 105

나는(1) __ 106

해설 선 굵은 언어로 감성의 향기를 빚고,
영혼이 안주하는 서정의 저수지 / 정유지 __ 108

제1부

게으름의 미학

중앙탑* 연가

사랑이라 말하지 말자
보고파 그리워하는 그리움이라 하자
그 천년의 그리움

함께 있어 알지 못했던 고귀함과
멀리 있어 알게 된
망국의 서러움과 한(恨)

애써 외면해도 걷잡을 수 없이 타오르는
강대한 부국의 꿈은
천년의 억겁에도 떠나지 못하고

오늘도 어제처럼 붉게 오르는 태양처럼
이곳에 남아
천년 탑 치성으로 지재유경(志在有逕)

* 중앙탑 : 충북 충주시 중앙탑면에 있는 7층 석탑.
* 지재유경(志在有逕) : 뜻이 있으면 길이 있다 즉 이루고자 마음먹으면 반드시 이룰 수 있는 방도를 얻을 수 있음.

복된 날

하늘의 뭉게구름 세월 가듯 떠가고
낭만 가객 황소걸음 땅과 하늘에
미소를 보내며 걸어갑니다.

호수에 담긴 하늘과 산허리가 경화수월(鏡花水月)*이라
산과 구름과 하늘
그 아래 잠 깨인 새들이 평화롭고 온유하게 날아가고요

조금은 덜 익은 풋사과 맛을 기억에서 꺼내려 해도
먹어본 기억이 있나 할 정도로 잊고 사는 것이 많죠
애써 기억하려 말고 주어진 하루를 이야기합시다

종이컵에 담긴 따끈한 커피 한잔
누군가 옆에 있어 기댈 수 있다는 것은 무한 행복이겠죠
복되고 복된 하루
느린 걸음으로 땅과 하늘에 미소를 보내며 걸어갑시다.

* 경화수월(鏡花水月) : "거울 속의 꽃이나 물에 비친 달"로 표현되며, 눈에 보이나 손으로 잡을 수 없는 현상.

삼탄강변에서

소백산맥 살며시 내려앉은 곳
하늘 향해 우뚝 솟은 천등산과
땅을 지배하고자 솟은 지등산
사람을 닮아 후덕한 인등산
그 안에 포근히 둘러싸여 있는 곳

광청소 여울과
소나무 여울
따개비 여울이 어우러져 장관 이루니
지나는 이 탄성에 하늘도 놀라고

사철 물 맑아 찾는 이 수만
가면 오고, 오면 가기 마련
쉰 발걸음이 떠나지 않는 것은
나로 하여금 예서 멈추게 하니
천지도 놀라 삼탄이라네.

주공 3단지 길 (春)

그 길에 들어서면
그곳에는
겨우내 얼었던 몸을 녹이며
새 생명을 준비하는
잉태의 숨소리가 벅차게 울린다

연초록 잎보다 먼저 생강초가 피고
높다란 나무 위 순백의 목련이 피고
줄지어 선 가로수 벚꽃이 피고
매화와 개나리
산수유와 살구꽃이 피고
연분홍 복숭아꽃이 아우성이다.

정리되지 않은 바닥에는 하양, 노랑 민들레와
보라색 제비꽃
기쁜 소식을 가지고 오는 각시붓꽃
슬픈 사랑을 기다리는 할미꽃
사랑을 말하지 못하고 수줍게 웃는 금낭화가
곱게 피어 있다

우중에 꽃비 내리고 연초록 잎이
인사를 하면
낮은 곳으로부터 붉은 영산홍과
진달래와 철쭉이 바다를 이루고
조팝나무 흰색 정성과 기다림이 있다

그리고 이름을 알 수 없는 풀꽃들이
봄 마중에 신명 나 춤을 춘다

무명시

어긋난 하늘빛 웃음
어둠보다 깊은 잠에서 깨어나
찬 이슬 내리는 강가로 갑니다.

그곳엔 적막보다 더 깊은 적막이 흐르고
밤보다 더 깊은 안개만이 나를 에두르고
어둠의 빛이라면 비출 텐데
내리는 안개비는 한 치 앞을 볼 수 없습니다

방향타 잃은 영혼만 나를 다시 잠재우려 애를 쓰고
인내하는 고독은 영혼과 싸움에 좌절을 두려워하게 하는데

하늘빛 발그란 웃음은
나를 다시 태어나게 합니다.

포구로 돌아오는 배

엔진소리 드높이며
만선의 기쁨을 안고
배는 포구로 돌아오고

뒤따르는 갈매기 한 무리
호시탐탐 노려보는 그들의 몸짓에
물속 깊이 숨어버린 바다 손님들과
헤쳐 모인 수조 안 바다 손님

만선의 배 안은
어둠 속 그물질의 긴박하고
숨 가빴던 순간은 가고
호탕한 뱃사람들의
게으른 웃음만 파도를 넘는다

블랙홀

뉴스를 보다 잠이 들었다
지하 고속도로를 건설하겠단다
미친 짓이다

결혼을 안 한다
출산을 하지 않겠다
인구절벽이다

인구 소멸 도시 순위는
매년 늘어만 가는데
소멸 도시 갱생 계획은 없이
또 고속도로를 놓는단다
더 빠르게

그 길을 따라가면
종착지는 서울이고
서울은 그렇게 블랙홀처럼
사람을 집어삼키고

사람 떠난 시골에서는
호화주택이 무너지고
묵혀지는 옥토는 다시 숲으로 돌아간다고
신명 나서 춤을 추고.

강변다방*

헛한 농담 사이로 오가는 웃음소리
LA 한국인의 날 페스티벌 미술 축제 전에 출품되어
대상을 받은 "가을 길목" 시구가 출입문 옆에 기대어 있고
그 아래 요염한 자태로 빨간 끈에 목을 맡긴 채
흐느적거리는 저렴한 가격표가 손님을 맞는

철 따라 피어나는 제철 과일과 군침을 돌게 하는
군것질 요리
거리 입맛을 다시게 하는 여덟 접시
사뿐히 앉아 기다리는 그곳

전통을 자랑하는 쌍화차 향이 사그라질 즈음
카드는 사양한다.
여기는 미국 LA

* 강변다방 : 충북 충주시 하풍1길에 위치해 있는 찻집.

지게(4)

어둑새벽 아버지는 소쿠리 없은 지게를 지고
막 잠에서 깨인 황소를 앞세우시고
실개천을 건너 김 초시네 선산을 돌아
고개 너머 천수답으로 가신다.

며칠 전 어렵사리 모내기를 마치시고
비가 오지 않으면 큰일이라시며
하늘만 바라보시더니

간밤 폭풍우에 노심초사 한잠도 못 주무시고
이른 아침 서둘러 가시는 것이다.

논둑이 터지지는 않았는지
물이 넘쳐 모를 상하게나 하지 않았는지
잰걸음이 보이지 않을 만큼 빠르게
그렇게 김 초시네 선산을 돌아가셨다.

햇살이 쭈뼛이 앞산에 오르며
언제 그렇게 요동을 쳤나 싶을 정도로
시치미를 뚝 떼면서 환하게 웃으며 온다.

어머니는 연신 부엌문 너머로 들에 가신 아버지가
이제나저제나 오시려나 곁눈으로 보시며
아침 준비에 여념이 없으시고
누나와 나는 학교 갈 준비를 한다.

햇살이 앞산 노적봉 노송과 간밤 얘기꽃 피우고
어머니는 밥 먹으라며 우리를 부를 때
아버지의 지게엔 꼴*이 하나 가득 담겨
김 초시네 선산을 돌아오고 계셨다.

* 꼴 : 소에게 먹이기 위해 베는 풀.

고향(10)

여울 소리
자진모리장단 휘모리장단에
보리밥 도시락 옆에 끼고
소풍 가던 길

하늘보다 높이 선
미루나무와
참매미. 말매미 울음소리

황금 들녘
배부른 베짱이
가을 노래 높아지고

산정에 나앉은
가을 햇살이
눈부시도록 풍요로운

청량한 귀뚜리
합창에
초가 위 박꽃 기지개 켜는
나 어릴 적 살던 그곳으로 돌아가리.

윤슬로 빛나는 하루

윤슬로 빛나는 햇살 사이
잔잔한 호수는
간밤 홀로의 무서움을 잊은 채
옅은 입김을 토하고 있는 아침

천사의 날개를 달고 날아와
가벼운 입맞춤 후 가버린
바람이 살랑살랑 나무를 흔드는 건지
나무가 살랑살랑 바람을 내어놓는 건지
간밤 앵두꽃이 떨어져 하얗게 수를 놓았습니다.

집 앞 복숭아밭 꽃이 다 지기 전에 꽃놀이 가야 하는데
산천은 벌써 꽃비로 내리고, 보고 싶음은 연초록 잎 뒤로
숨어버렸습니다.

동녘 하늘 조각배는 쉬지 않고 흘러갑니다
어디로 가는 걸까요
조각배엔 누가 탔을까요

호암지 연가

춘분(春分) 지나
달려오는 태양은 따사로움을 더하고
양지바른 곳 돌 틈 사이 애정*이 무르익으면

세 살배기를 둔 아이 엄마는
춘곤(春困)에 취하여
나들잇길 나선다

그 시절 호암지*에 딸기가 익어 흐트러지면
엄마 손 잡고 나들이 가던 길
지금 그 길을 다섯 살 내가 걷고 있다.

까까머리, 까만 교복, 흰색 카라
우정*이 꽃피울 때면
능수버들 하얀 미소에
하루해가 짧던

시나브로 지고 없는 딸기꽃이지만
그 꽃향기 속에 손가락 걸며
맺은 약속은 그리움으로 다가와

지금 호수에 빛나는 은빛 아지랑이 따라
스멀스멀 울려 퍼지는 수화기 너머
서로에게 행복한 날들 기원하고 있다.

* 애정, 우정 : 딸기꽃의 꽃말 비유.
* 호암지 : 충북 충주시에 있는 저수지 이름(~90년대 초까지 딸기밭
  이 많이 있었음).

풀꽃(3)

시기함도 질투도 모르오
오만과 거만함은 더욱 모르오
존경과 사랑만이 존재하는 줄 알고 있소

화를 낼 줄도 모르고
아픔을 건넬 줄도 모른다오
하지만 나를 꺾어 무시해 버리면
아파할 줄 알고 화가 나지요

지나는 길에 잠시 손님으로 왔다가
말없이 가시면
다시 만날 날이 그리워 슬퍼지기도 하지요

보이지 않는 슬픔은 잠시
다가서는 객의 손길을 피하려 하지만
객이 홀로 나를 즐기려 한다면
난 더욱 슬퍼 그저 죽어 지지요.

大關嶺

아흔아홉 구비 돌아
정상에 우뚝 서니
예가 어딘가

멀리 구름 너머 검푸른 동해가
장막을 틀어 앉았고
발아래 거슬러 올라온 길은
숲과 하나가 되었구나

그 옛날 어느 여인의 아름다운 시구가
귓전에 스치고

형형색색 찰칵이는 소리는
"나는 공산당이 싫어요" 산울림 되어 울고

심술 많은 하늘은
언제부터인가
주먹 같은 눈송이를 퍼붓고 있다.

게으름의 미학

그대 예서 한걸음 쉬어가면 어떨까요.
너보다는 한 발짝 더 나아가는 것이 아니라
함께여서 행복할 수 있는 그런 시간을 가짐이
한발 늦게 간다고 누가 나무라지도 않는데
왜 빨리빨리 가려고만 하시나요.

예로부터 우리는 한숨의 여유를 즐기는
그런 한가로움이 함께 했다고 하는데
언제부터 이리 바삐 움직여야 하는 시간을
품고 살아야만 했을까요.

그대 바람이 불고 있죠.
무엇이 보이나요.
잠시 걸음을 멈추고 눈을 감아보아요
숨이 보이던가요.
아님
여유가 보이던가요.

삶은 스스로 자전과 공전을 하는 둥근
그대 표면을 걷고 있잖아요.
때로는 슬프고

때로는 괴로워도 그대는
빨리 가거나 늦추어지거나 하지 않잖아요.
그대처럼 늘 그렇게
보내고 바라보면 어떨까요.

그대 예서 한숨 돌려보내고 간들 무엇이 바뀔까요.
너보다 한걸음 뒤에서 걷는다 한들 무엇이 달라질까요.
많은 것이 바뀌고 달라져 있을까요

아닙니다.
그대 예서 바라본다면
그대는 항상 그 자리에 그렇게
아름다운 모습으로 있을 것입니다.

잠시 옆을 바라본다면 말이죠.

꿈꾸는 왕국

우리가 갈 수 있는 왕국을 그리며
가꾸어야 할 목록을 새겨본다.

행복이 가득한 나라
사랑이 넘치는 나라
나눔이 풍족한 나라
존중과 양보가 미덕인 나라
충만함보다 즐거움이 으뜸인 나라
살가운 정이 넘치는 나라
문화가 힘이 되는 나라

손잡은 너털웃음과
옷깃을 스치는 미소
내가 아닌 우리가 함께
안녕하며 원을 그리는
절절한 왕국을 꿈꾼다.

……

욕망으로 질주하는 거짓 웃음과
기만과 허욕이 가득한

거짓과 선동만이 있고
내가 아니면 안 된다는
자기 욕(辱)*에 빠진 자들의
급한 달리기만 있는
그런 지금
우리가 서 있는 곳은 어디인가.

* 자기 욕(辱) : 욕되게 할 욕(자기 자신을 욕되게 함).

충주 연가

삼면이 바다인 우리나라
삼면이 강인 우리 충주
살다 보면 정든다고

봄이면 진달래 향
사과꽃 만발하니
꿈동산이 예 있구나

돌아보니 이웃이요
정만 넘쳐흐르네

염 바다 너른 뜰과
가는 곳곳 풍성한 잔칫상
오곡백과가 다 모였네

탄금대 악성 그윽한 소리
소리 없이 죽은 충정
영원히 빛날지니

매연 없는 높은 굴뚝
살찌우는 우량 물품
예가 바로 충주로세

제2부

신비한 세계

보여지는 것의 의미(하나)

더벅머리 아들 녀석의 깎지 않은
덥수룩한 턱수염과

차창 너머로 스쳐 지나가는
생각 없이 간벌해 버린
민둥산의 차이

보여지는 것의 의미(둘)

벌거숭이 민둥산
엄마 손 부여잡고 땅을 일구는
고사리손과
아이 이마에 맺힌 땀방울과

길 없는 비탈길을 오르내리며
물주며 쓰담 쓰담
수십 년을 한결같이
이마에 맺힌 땀방울마저 아끼던
검게 그을린 산지기의 얼굴

그리고
무의미한 행위로
잔인하게 짓밟히고
화마에 휩쓸려버린
검게 그을려 버린 산천

화마를 잡고자
고군분투 사투를 벌이다
지쳐 널브러진
진화대원의 땀범벅으로
검게 그을려 버린 얼굴.

봄의 향연(饗宴)

개울 잠 깨어 울고
놀라 바라본 세상은
맑기만 한데
아직도 가시지 않은 春雪은
눈부시도록 따갑다

그 사이로

기지개 켜며 일어서는
버들강아지의 내음과
돌 틈 사이로 흐르는 유리구슬

뒤척이며 일어서는 봉오리
봉오리들

잠자리

깃털처럼 가벼운 몸놀림
죽어서도 가벼운 육신은
이승을 향해 한 줌 터럭도 남기지 않았다.

이승
질곡의 삶을 살아도
저승의
안락은 보장받지 못한 몸
누구를 향한 울부짖음이던가

찰나도 못 된다고 했다.

더불어 향유하며
물러서는 그림자로
너른 세상을 항해한들
그 짐이 가볍기만 하랴

신비한 세계

생명의 잉태는 연두로부터
봄의 햇살은 무척 맑고 밝습니다

모든 행복의 시간은 꿈속으로부터 시작이 되고
꿈속으로 사라집니다

밤은 어둠 속으로 숨어버리고
그 밤을 찾으려 가로등은 피어나고요

봄비로 인하여 대지는 포만감으로
게으른 하품을 하며
또 하루를 억겁의 세월로 녹여봅니다

방구들이 차갑지도 않은지
태양은 구름을 깔고 그 위에서 잠을 자고
대지는 불쏘시개 없이 방구들을 데우는데

산천은 꽃비로 내리고
보고 싶음은 연초록 잎 뒤로 숨어버립니다.

세월(歲月)

나무는
부끄럼이 없이
옷자락을 흩날리고

바람은
거리낌 없이
옷자락을 날리며 장난을 친다.

나무를 동경하던
세월은
옅은 구름을 띄우고

이내 보이지 않는
눈물을 흘리고 있다

화롯불

가마솥 한가득 보물을 담아
아궁이 삭정이에 부싯돌 돌리면
주체 없이 활활 타는 나신이여

뽀얀 연기 눈앞을 아른거리며
구들 속으로 따뜻한 온기 전하며
지붕 위 하늘 밑으로 줄달음질치는

보물은 여의주가 되고
둘러앉은 아랫목으로 너의 순교 전해져오면
화로에 담긴 너는 하얀 면사포 쓰고
단 고구마 품에 안고 미소 짓고 있네.

산사 가는 길(2)

지나는 바람에도 위태로이
늘어선 듯 비켜서 있는
무수한 저 변민들

주섬주섬 옥섬처럼
쌓아 올리며
숙연한 합장으로 소원 빌었으리.

중생의 번뇌가 쉬이 깨칠까마는
머물고픈 마음에
떨어지는 낙엽도 비켜 앉는구나.

3월의 어느 날

얼음이 녹아 내를 이루는
우수(雨水)를 한참 지나고

땅속 동면하던 생명들도 깨어나
싹을 틔우며
번식을 위해 분주한 경칩(驚蟄)과

게으른 하품으로 맞는
봄의 화신이 춤을 추는 춘분(春分)
그 사이

풍신(風神)은 익어오는 봄을 시샘하듯
세상을 온통 흰색 쌀가루를 보듬고

시절아….
서둘러 가지 말라 속삭이고 있다

그리움(3)

하늘이 내게로 온다
쏟아지는 함박눈을 맞으며

가던 길 뒤돌아보면
잊혀진 사연들
시나브로 따라오고

더듬어 헤치려고 하면
백색 융단 아래 숨어버리고

아무도 가지 않은
저 순백의 길을
뉘라서 섣불리 갈까마는

부서지는 비밀들을 찾으려
밀려드는 물거품을 보듬어
융단을 헤집으면

아련히 다가오는
그리움만
목화솜이불 속에 녹아내린다.

국화 옆에서

무성한 꽃대는 님의 손길을 기다리다 지쳐
꽃망울을 터트리고 말았습니다.
새벽이슬 차갑다 소스라쳐 놀랐겠지만
언제부터인가 보듬는 손길이 없음을 그도 알았을 겁니다.

잔가지 모양 없다 도려내시고
먼저 나온 떡잎 잘라내시며
곧은 절개 화사한 웃음 보시려던
그 님은

촉촉한 아침이슬 몸에 좋다고
따사한 아침 햇살 온몸에 담아
달님 벗하여 한밤 지새우시더니
간다는 말도 없이 가시었습니다.

문 열고 함박웃음 보내며
반겨주던 님은
그렇게 아무렇지도 않게
다시 온다는 기약도 없이
먼 길 가시었습니다.
새순이 돋는 봄이 오면
여느 초가 추녀 아래서
다시 만날 수 있을까요

못 지킨 약속

아…

짧은 탄식
긴 한숨

짙게 내린 어둠 속으로
나는 달리고 있다

누가 부르지도 않았는데
미친 사람처럼 달리고 있다.

잃어버리기 전에 한번은
함께하며 웃으리라 다짐했건만
모두 시간의 저편으로 사라져 버리고
이제는 혼자 남아 그 웃음의
이야기를 되뇌고 있다.

보이는 모든 것은 탄식과 죄스러움에
부서지는 바람과
허공에 흩어지는 약속들뿐.

산 자와 죽은 자의 사이는 얼마쯤 될까

.
.

한 뼘쯤 될까?

하얀 나라(두루마리 화장지)

사거리 신호등
"하얀 나라"
열두 개들이 화장지
한 보퉁이씩 옆에 끼고
파란 나라 오기를 기다리는
여인들이 있었어.

빨간 나라는 가지 않고
그녀들의 넋두리는 시작되고
저려오는 어깨
바닥에 의지하고

생명 다한 빨간 나라 아래로
파란 나라 일어서니
질주하던 상념들
놀라 멈추어버리고
하얀 나라 나폴 일어선다.

어디로 가려 함인가
알 수 없는 행선지를 향해
하얀 나라 휘이 저어감을 …

다시 일어서는 상념들
뒤따르고
어지러운 삶으로 점철되어 버린
이 순간을
뉘라서 멈출 것인가?

어서 오라
손짓하는 망나니
……
거짓인 줄 알면서도
그곳이 진정 하얀 나라이기를…

여름밤

여름
그 짧은 여름밤

지친 육신을 자리에 누이고
청하는 잠
짝 찾지 못한 밤벌레의 청량한 노랫소리가
쉬 잠들지 못하는 나를
또다시 뒤척이게 한다.

한낮 그늘에 누워 잠들었다
초저녁 흠뻑 내리는 이슬에 목축이고
지금 이 시각 한껏 목청을 돋우고 있다.

다가오는 임이 없어도
들어주는 청중이 없어도
우레와 같은 박수갈채가 없어도
놈의 노랫소리는 멈추려 하지 않는다.

안 되겠다 싶어
놀라 달아날까 염려하여
소리를 죽여 다가갔지만

어느 순간 숨을 멈추고
내 동태를 살피고 있다.

기다려도 들려오지 않는 노래
'멀리 사라졌겠지!'
돌아와 내게 맞추어진 자리에 누워
눈을 감는다.
적막이 함께 흐른다.

'찌륵 찌르르 ~'
바람 소리 잦아들고
들려오는 노랫소리
내 안에 나를 안고
잠에 젖는다.

이도 내일이면 그리워질 것이다.

저녁 한때

어스름 저녁노을 속에 첫 별이 뜨면
낮에 나온 반달이 수줍어 얼굴 숙이고
빠알갛게 타는 노을은
새털구름에 수를 놓는다.

들녘은 풍요를 위한 파종에 여념이 없고
엄마 따라와 천방지축
숨이 찬 송아지 엄마 젖을 찾고

구릿빛 얼굴에 맺힌 노동의 땀방울은
이내 불어오는 시원한 바람에
향기로 피어오르고

초저녁 달려오는 어스름 속에
지게며 호미며 쟁기며
널브러진 살림살이를 쟁이면

어미 소는 동녘에 피는 첫 별을 헤이며
붉은 노을을 뒤로하고
멀리 피어나는 호롱불 찾아든다.

솔섬

안성 가는 길
4차선 쭈우욱 뻗은 시원한 도로 옆
일죽나들목 조금 못미처

사철 푸르던 솔섬과
삼월이면 진달래 향
오월이면 아카시아 향
만 가지 꽃향기 포도 위를 덮던
정말 좋던 그곳에

지난겨울 지지리도 춥던 그해
푸르던 솔섬의 소나무 한섬 두 섬 베지고
진달래 향
아카시아 향 사라지더니

붉은 피 쏟으며 깎이고 깎여
회색빛 구조물이 한겹 한겹 쌓이며
이내 하늘 높은 줄 모르고 오르더라.

꿀물 향기 맡으며 가던 포도 위를
이제는 무엇으로 위로받으며 갈까.

밤송이

너의 작은 입
있는 대로 쩍 벌려
너 다 가지라고
줄 것은 다 주었다고
찬바람이 오기 전에 모두 내어놓고
수만 개의 가시만 있는
빈 주머니밖에 없다고
함박웃음 매달려 있다.

어둠이 모든 것을 앗아도
새벽 달빛에 취해 고개 내밀다
곤두박질쳐도
줄 것은 쭉정이도 없다고
작은 입 크게 벌려 웃으며
자기도 이제 내려갈 것이라고
조심하라고 손짓한다.

제3부

삶의 지침에 대한 소고

들국화(1)

당신은 오늘도 게 있구려
간밤 이사는 하지 않았는지
해는 입지 않았는지
뜬눈으로 밤을 밝혔다오

안개 걷히는 새벽 잠깐 만남이
나에겐 하루가 즐겁고 희망이지요

낙엽의 소리 없는 희생이 시작되는
가을 해는 짧기만 한데

당신의 고귀한 자태는 꽃을 피우고
나로 하여금 신명 나게 하니

초저녁 만월에 함박웃음과 함께하는
인사는
당신을 꼬~옥 그곳에 오래 머물게 해달라는
짧은 소원이라오

눈 온 뒤 그리고 아침

잠 깨인 기지개
청솔 언저리 졸던
설편들 우수수 흩어지고

번져오는 햇살이
눈 시리도록 아름다운 아침

백색 융단을 뒤집어쓴
산이 창가에 걸려
수줍게 인사를 한다.

가두었던 지루한 커튼을 젖히면
보듬기 어려운 아름다운
융단이 방 안 가득 채워지고

밤새 키우던 욕망을
설편들에 던지면

이 아침 모자람 없이
가슴 저미도록 따스한
사랑이 전하여 온다.

까치밥

포만감에 취한 가을
황금빛으로 물들여 놓고
나아 앉은 눈부신 햇살과
풀잎 끝에 달린 이슬방울

가을걷이가 끝난 뒷자리
주인 잃은 까치밥 하나
벌거벗은 나무 끝에
애처롭게 매달려 떨고 있다.

삶

사랑하는 날들을 셀 수는 없어도
오늘처럼 행복하기를 바랍니다.

우리 헤어짐의 날이
내일일지 모레일지
그날을 알 수는 없어도

오늘처럼 사랑하고 행복하기를
바랄 뿐입니다.

일찰나(一刹那)의 삶을 살지라도
그저 오늘 너처럼
나처럼
사랑하고 행복하기만을 기원할 것입니다.

먼 훗날이 돌아온다고 하여도
매일매일 나는 우리가 있어
행복하고 즐거웠노라고
당당하게 맞아줄 것입니다

봄(9)

봄

봄은
꽃이 피는 것만으로도
기쁨이고 행복이고 사랑이다

봄은
이렇게 여인의 가슴에 불을 지핀다

봄
봄은
저 꽃대궐 속에 있는 당신을
꽃 중의 꽃으로 더욱 빛나게 한다

봄비 지나간 자리

비가 오는 날은 산엘 가자
여린 비가 오는 날
새벽안개 마중하는 골목을 벗어나
길도 아닌 개천을 건너
겨울을 깨는 소리 들으며
산으로 가자
그곳에 가면
시절을 풍미했던 잔설이
소리 죽여 울고
소곤거리며 이사 오는
파이아란 꿈이 있다.

그 소리엔
세속의 아픔도
지친 삶도
쉬이 던져버릴 수 있는
희망이 함께 솟는다.

봄은 여리다
봄비는 더 여리다
그러나 그들이 지나간 자리엔
원대한 꿈이 자란다.

산골 마을

안개 너머 타는
아침 햇살에
잠들었던 대지
기지개 켜고
낮은 구름 사이로 난
사잇길로
철없는 나그네 홀로
찾아드는 곳.

시월에

기다림은 시월에 온다.
무덥던 그 여러 날
무섭게 내리는 빗속을 거닐던
그리고 생명 다한 고목이
초라해 울던 그 어느 날

푸른 하늘에 무늬 놓고
파란 들판에 황금을 뿌리는
사랑하는 소녀가
웃음을 짓는 시월이 오면

세상의 모든 만물이 어지럽도록
무늬를 뿌려 그림 그리리
풍성한 가을의 노래에
떠나는 이의 마지막 목소리 들으며
남몰래 우는 그 시월이 오면

나는 다시 창가에서
먼데 하늘을 바라보리.

산골 마을(2)

미루나무 벗 삼고
흙먼지 노래 들으며
덜컹덜컹 찾아든 고향

조상 대대로 한 줌, 한 줌 일구며 지켜온
기름진 옥토는 댐 건설로
푸른 물속에 잠재우고

노부부는
당신의 할머니 등짝 같은
척박한 이랑에 고추 모종을 하고
알톨 한 천수답은 하늘만 바라보고 있다.

젊은 자식들은 할아버지 손등 같은 전답이 싫어
도회지로 떠나고
村老들만 살갑게 살아가는 곳

안개 걷히고 당산나무 위 까치 울던 날
고향 떠난 청년은 죄송하다며
백발의 머리 조아리며 아버지 영정을 모시고
이 깊은 산중으로 돌아오고 있었다.

삶의 지침에 대한 소고

몰랐던 행위(맛)에 취하면
다시는 그 시절의 순수함을 취하지 못할 것입니다.

내 생각과는 다르게 길들여지기 시작하면
다시는 갈색 추억을 기억하지 못할지도 모릅니다.

위에 누가 있으나
내 하는 행위에 그들은 박수를 보내주니
이 기쁨이 영원이지 않고 무엇이겠습니까.

순간입니다.
잊지 마세요

짧은 시간은 또 다른 나로 하여금
영글지 못한 삶을 살게 할지도 모른다는 것을

놓아주기 바랍니다.
그 영글지 못한 삶의 혼돈은 우리의 것이 아니기에
취하지 말고 놔 주길 바랍니다.

지금이 좋다 하지 마세요.
오를 수 없는 곳까지 올랐다고
내일 망가지더라도 취하고 싶다 하지 마세요.
그 내일은 또 누군가가 당신에게 박수를 요구할지 모르니까요.

밤 비행기 길을 잃다

밤 비행기를 탔다
창 너머 별 하나가 동행하자며
따라오고

밤하늘 높이 뜬 비행기는
폭우로 블랙홀이 생겨버린 포도 위를
덜컹거리고

기장은
본인과 승무원의
빠른 귀가를 돕기 위해
과속도 서슴지 않는다

승객은 흔들리는 기체 속에서
서로를 의지하며
손을 맞잡는다

동행하자며 따라나선 별만이
두 눈을 껌벅이며
자기가 길이라고
말을 걸어오는데

무서움에 갇힌 나는 말도 못 하고
옆 승객 눈치만 보며
안전띠만 다잡아 당겨본다.

앵두

4월
꽃 잔치 속에 태어나
붉지도 않고 희지도 않은
꽃망울을 달고
동구 밖 우물가에 서서

장롱 깊숙이 넣어 두었던
호리마*를 꺼내어
긴 겨울의 아픔 속에서
탄생의 아침을 보노라면

한잎 두잎 바람에 실려
떠나는 너의 희생에

이제는 달고 쓴 너무도 작은
밝고 붉은 미소를 그리며
너는 그곳에 있다.

* 호리마 : 유혹하거나 꾀어 정신을 흐리게 하는 것. 그럴듯한 말로 속여 넘김.

회갑연에서

육십갑자 일주에 돌아온 날
세상이 여섯 번 바뀐 그날
애지중지 키운 자식
하나, 둘 손자 손녀 손을 잡고
곱디고운 한복 입혀
건강하시라고
오래오래 자식 사랑 받으시고
손자 손녀 재롱 보시라고
큰절에 또 큰절

일가친척.
동네 어른, 동문, 손아래 모두 모여
거나히 차린 잔칫상에
웃음 다발 만발하니
어깨춤이 덩실덩실
곱사춤이 최고 일품
육십갑자 일주에 이보다 더 큰
행복이 언제 있었던가.

지게

일 년의 땔감을 준비하시느라
쉼 없는 지게질을 하시는 나의 아버지

봄이면 비탈밭에 이랑을 일구어
고추며 참깨며 고구마를 심으시고
거북 등처럼 갈라지는 논 다랑이 안타까워
한 방울의 물도 아끼려고
계곡 흐르는 물 두둑 막아 돌리시는
황소 여물 떨어질세라 둑방에, 야산에
아무렇게나 자란 잡풀 베시다가 재우시고
모낸 논 잡풀도 성가시게 호미 잘 하시며
빨갛게 타는 고추 햇볕에 일광욕 즐거워할 때
구릿빛 이마엔 타는 옥구슬이 흐르고
시원하게 목젖 넘는 미숫가루 물

동구 밖 느티나무 그늘 자랑하지만
넘실대는 황금 들녘, 타는 저녁노을
기운차게 돌아가는 탈곡기에 전신을 던지며
지는 해 안타까워 뒤돌아보면
차곡차곡 쌓여 가는 볏가마니와
찰지게 여물은 오곡백과(五穀百果)에

환하게 번져오는 구릿빛 미소와
가볍게 흔들리는 어깨너머로
손때묻어 번질거리는 지게가 놓여 있었다.

"당신의 자식 농사만큼이나 소중한 일 년 농사,
지게는 항상 당신 곁에 서 있었다."

토담집 헐리던 날

추녀 끝
참새 부부의 일과가
그곳에서 시작됨을 보았다.

아무도 살지 않는 덩그러한 빈집
곧 헐릴 사람의 집이다

그곳에
아늑한 그들만의 보금자리를 만들어
사랑을 하고 아이를 낳고
또 떠나보내는 그리움이 있었음을

허나 어쩌리
사람의 집은 헐리고
그네 집엔 이사 통보도 안 했는데

굉음에 묻혀버린 아기의 울음소리에
부부는 손도 못 쓴 채
보이지 않는 눈물만 떨구며 있다
덩치 큰 토담집이 사라질 때까지

아서라, 슬픔이여
너희들 보금자리
말라버린 세풍에 이기지 못하였으니
돌아가 맘껏 노래 부르며
춤추며 넉넉한 삶 찾을지어다.

아침에

커튼 사이로 배어드는 청아한 새벽
부스스 눈 비비고 일어나
곤히 잠든 당신을 보았소

길지 않은 시간
나와 자식들 그리고
가족을 위해 노심초사하며
지내온 촌각들이 배어 있어

살포시 입 맞추고 나선 마당에는
아무렇게나 던져진
일간지가 나를 반깁니다

두 팔 크게 벌려 잠에서 깨인
맑은 공기 마시며
추녀에선 이름 모를 새 한 쌍
아침 인사 종알종알

자명종 소리에 놀라 일어서는
당신을 애써 누입니다
오늘만큼은 식탁을 내가 꾸며 보겠다고

제4부

가는 놈 오는 놈

거미집

잠시 자리를 비운 사이
놈은 보이지도 않는
실타래를 풀어헤치며
작은 왕국을 건설하고 있다.

알려주지 않았어도
타고난 습성대로
습한 대지를 포용하듯
날실을 풀어
왕국을 건설하고 있다.

주어진 영토는 없어도
자리한 곳이 영토이기에
한 치의 오차도 없이
누구라도 범접지 못하도록
촘촘히 제 왕국을 건설하는 것이다.

삼엄한 경계의 시선이 멈춘 곳에는
왕국의 침입자가 소리 없이
방문하여 호들갑을 떨고 있다.

가는 놈* 오는 놈

하늘을 떠도는 한 조각의 구름은
사랑을 찾아 기러기를 앞세워
일정한 대열을 지어 쉼 없이 가고
여기 머문 당신과 나는 말없이
서로 다른 방향에 시선을 두고
거짓 없이 달려가는 시침을 본다

한 조각 바람에 의해 제 세상을 다하지 못한
나뭇잎이 눈앞을 가른다

아무 말 없이 다음의 기약을 두고 돌아서는
당신과 나의 뒤 그림자는 엇갈린 채
홀로인 가로등만 두고 떠난 빈자리엔
하나, 둘 낙엽이 쌓인다.

한정된 네 귀퉁이에 세워둔 당신의 초상은
흐려지는 시야에서 멀어져만 가고
의지력만 굳게 남아
깊고 검은 잠의 구렁으로 빠져들고만 있다

보고 싶구나

당신의 고운 미소가 억제할 수 없는 그리움에
챙겨둔 백지엔 당신의 영상만 아른거리고

차마 무슨 말을 흐려야 할지 선뜻 나서질 못하고
머뭇거리다 이내 내팽개치고 원위치하며
가로도 누워보고 바로도 누워본다

뒤척이는 나의 모습이 가련한 듯 짧게 열린 문 틈새로
달빛은 웃으며 스쳐 간다

비라도 쏟아졌으면
속이라도 후련하련만
기원해도 소용없는 그런 날씨다

이 밤도 그리움에 목메어 하며
후줄근 내려줄 비만을 기다린다
당신의 하얀 영상을 그리며

* 놈 : 세월.

현실

역한 냄새
들여다본 현실 구멍엔
혼탁과 썩은 양심들이
나를 빤히 쳐다본다.

이것이 진실이라고
한가득 오물을 퍼 부우니
좋아라! 춤을 춘다.

내 주장이 옳다고
내 주장이 옳다고
핏대를 세워가며
아우성도 친다.

아우르는 손길이 되레
더럽다고
씻어내야 한다고
끼리끼리 뭉쳐서
또 싸움질이다

젊은 피를 수혈하라고
구녕을 옮겨야 한다고
다람쥐 쳇바퀴 돌듯 돌아보지만
멈추어선 곳은 항상 그 자리

걸레는 빨아도 걸레인 것을
들어간 구녕을 벗어나
멀리멀리 떠나지 못하는 것은
현실에 대한 욕심 때문만은 아니겠지

울타리

묵시적 해(駭)*를 안고
다가서지 말라
넘지 말라
때로는
웃픈 해학(諧謔) 안고
흙으로 돌로
나무로
높거나 낮거나
네 것과 내 것이
가려지는
울타리
네 거기에 있어 풍류인 것을

작금의 사태에 대해
먼 훗날
어떤 자는 영웅이었다고
어떤 자는 쓴웃음을 짓고….

* 해(駭) : 놀랄 해 =경계(警戒)하다.

앞산 풍경

아무 생각 없이 인간의 이기에 의해
절단되어 버린 앞산
하늘 높은 줄 모르고 오르던 노송의 자리엔
높다랗게 철탑이 오르고
거침없이 헤쳐버린 옷고름 사이로
얼기설기 철조망이 감기우고
계절 되어 피어나던 들풀들과 야생화 자리는
까만 망태에 가려 사라져 버리고
천방지축 너른 운동장에 날다람쥐들
깊은 산중으로 꼭꼭 숨어버렸다.

비라도 조금 내리면
잡을 데 없어 쏟아져 내리는 너의 내장을 보노라면
나는 부끄러워 고개 들지 못한다.

눈

설편들이
평화롭게 제자리를 찾아 앉는다
그곳이 양지든 음지든
자리다툼도 하지 않고
탓하지도 않으며
허둥대지도 않고
하얀 미소를 머금은 채…

높고 낮음도 없고
비율도 따지지 않고
시키지도 않았는데도
그곳이 제자리인 양
살포시 앉아
해맑고 하얀 미소만 보낸다.

지켜보노라면
어느새 너는
손대면 깨질 것 같은
백색 융단을 펼쳐 보이고

그 위에 또다시
사락사락 포근한 하얀 이불을 덮는다.

해님의 미소가 반가울 때면
금방 해질 것도 모르면서

노을에 지다(3)

언덕길
어둠에 취한 밤안개
뒤척이다 멈추어버린 시곗바늘
풀린 태엽을 감아보지만
항상 제자리

새벽이슬 맞으며
찾아온 샛길 끝자락
다가서는 함초롬 꽃향기
밀쳐버린 역한 냄새는
서둘러 되돌아 나오게 한다.

아직도 돌지 않는 시곗바늘은
무뎌진 걸음마에
번져오는 여명과
하루를 일용해야 하는 무의식 속에
나에게 태엽이 되라 한다.

우르르 모였다
운 좋게 불려 가버린 자와
남겨진 자 사이의 우정은

높이 걸려버린 햇살만큼이나
멀어지게 하고

남겨진 자의 갈 곳 몰라
허둥대는 꼴이란
서산에 걸려
붉은 피를 토하며 눈물짓는
노을에 묻혀 스러져간다.

하루살이(1)

하루살이 한 마리 눈앞을 아른거려
손을 휘저어 쫓아보지만
다시금 다가와 윙윙거린다

하루살이 한 마리 귓가에 윙윙거려
하던 행동 멈추고 두 손 뻗어보지만
공중제비 한 번 다시금 날아든다

따가운 햇살 피해 앉은 그늘에
하루살이 수십 마리 숨바꼭질 즐기다
낯선 객 피해 훌훌 털고 날아오른다

저만치서 놈들은 화합하고
비웃으며 다가와 같이 놀자 한다
두 손을 휘휘 저어 떨쳐보지만
거나한 웃음소리 귓전에 맴돈다.

마주 보던 눈길 쉬이 피하지 못하는데
눈 속이 제집인 양 두리번거리다
눈 속으로 쏙 파고든다.

흐르는 눈물
멀뚱멀뚱
백기 들고 앉은자리 털며 돌아서 나온다.

모기와의 전쟁

한여름 밤
불특정 다수의 살인을 위해
살충제를 무차별
살포하고 있다.

북망산 까치(2)

오색 만장은 바람 없는 하늘에 수를 놓고
님 실은 꽃마차는 갈 길 멀다 재촉을 하는데

어! 헤이 허! 헤
장단에 맞추어 남겨진 가족은 가지 말라고
갈 길을 막아서고

동구 밖 느티나무 위 까치는
떠나는 임의 혼을 부르려 밤새워 노래를 불렀습니다.

"가시는 님 육신은 가시되 혼(魂)만은 두고 가라고"

깃대

삶의 아우성이 지나가고
팽창의 목소리가 잦아들면
너풀거리던 마지막 끈조차
세월의 시간에 삭아
한 줌 흙으로 사해버린 지금

거친 땅거미를 거두며
찾아온 불청객만이
휑한 들녘을 서성이며
서먹해진 가을 햇살을
즐기고 있다.

"양키 부대 이주 반대"
"우리는 OO, OO 같은 희생을 원하지 않는다."라고 외치던
군중의 핏발 선 목젖은
거친 숨소리에도 가래
끓는 아궁이가 되어
저문 햇살에 넘어가고

힘겨운 팽창을 위한
무언의 힘은

또 다른 곳에서의 팽창과 풀뿌리를
외치며 거친 숨소리를
내뱉으며 숨 고르기를 한다.

그들이 남기고 간
사수와 팽창의 올가미는
한울 한울 빛바래져
뭉그러져 뜯겨나가고
그를 지탱해 온 깃대만이 남아
불청객을 불러 모아
호객행위를 하고 있다.

갑질 시대

언론은 가끔 누군가의 갑질을 논한다.
우리는 그 모습에 그 누군가를 향해 욕을 퍼붓고
목청을 돋우기도 한다.

잠시다.
순간이다.
한때다.

누군가는 대중 앞에 나타나 죄송하다고 한다
그때뿐이다

시간은 그렇게 간다
잊힌다.
우리의 뇌리에서

모른다
나도 너도 우리 모두
그 언론이 무한 갑질로 시청자를 우롱하고
독자를 매도하는 것을

그들의 논리로 따지고
쏟아내고
믿으라고
시청자와 독자를 우롱해 놓고
바로 잊으라 한다.
이것이 갑질이다.

따지고 보면 나도 갑질이다.
이 순간만큼은

마지막 잎새

퇴색되어
의지할 곳 없는 나뭇잎 하나

다가오는 실바람에 떨어져
종종걸음 친구 찾아 떠나고

허허로운 벤치
지키는 이 없이

옷깃 세운 나그네만
스쳐 지나갈 뿐

그리움 찾아온 나는
벌거벗은 고목에 기대어 운다.

폭염

세월을 먹고 사는 시절
한 세월이 시간이라는 이름으로
멀어져 간다.

지금 밖에는 비가 내리고
한낮의 열기는 식을 줄 모르고
하루의 무사함에 감사하며
기억의 페이지를 적는다

밤.
또는 그 어느 순간
이 비는 멈추겠지!

붉은 태양은 머리 위에 이글거려도
나는 즐깁니다
또 오는
오늘을
내일을

조국

태백의 웅장함을 고이 간직하고픈 욕망에
오늘도 젊음은 살아 숨 쉰다
푸른 하늘과 강산

그 어느 땐가 초토화되어 버린 그 땅 위에
건설의 메아리는 울려 퍼지고
새 장의 기틀은 용트림을 시작했다.

그 긴 역사 위에 다시는 되밟아선 안 될
잊어서는 안 될
우리 모두의 마음과 몸의 상처

한라산 백록담에서 백두산 천지까지
앞으로의 전진만이 있을 뿐
결코 예서 포기할 수는 없는 일

새 나라의 웅장한 미래를 내보이며
오늘도 피 끓는 젊음은 살아 숨 쉰다.

걷자

안개 짙은 새벽길입니다

평화로운 당신만의 시간
어디에서 달그림자 쫓고 계신 가요

아직 구름은 일지 않았는데
창밖으로 보이는 나무의 기지개를 보니
출산일*이 가까운가 봅니다.

며칠 전 계절을 잊었는지
영하의 날씨에도
내 집 울타리에는 장미꽃 한 송이
붉게 물들어 내 봄 사랑을 질투하더이다

새벽안개는 산그림자를 두고
인사를 하겠죠
인연은 또 만난다고
동녘을 넘는 붉은 해는 오늘을 또 붉게 살라 합니다.

* 출산일 : 봄. 나무에 새순이 돋아남.

나는(1)

나는 산이다

그리고

바위요
나무요
풀이며 꽃이다

이슬이고
이끼이며 옹달샘이며 물이다

낙엽이며
영양분(거름)이고
바람이고 향기이다

산천어이며
수달이고
가재이며 토종어다
부엉이이며
청설모이고
딱따구리에 하늘을 날아다니는 다람쥐다

나는
파괴되고 싶지 않은 자연이 되고 싶다.

● 해설

선 굵은 언어로 감성의 향기를 빚고, 영혼이 안주하는 서정의 저수지

— 윤성호 시인의 시집 『게으름의 미학』의 시세계

정유지(문학평론가 · 문학 박사)

1. 따뜻한 언어는 세상을 구하는 봄볕과 같은 메시지를 품고 있다.

― 따뜻함은 춥고 차가운 세상을 품는다. 그 따뜻함의 출발점은 인간에 대한 사랑으로부터 비롯된다.

따뜻한 언어는 맑고 그윽한 향기를 품고 있는 꽃과 같은 수사(修辭)가 숨겨져 있다. 차갑고 추운 겨울마저 품을 수 있는 따뜻한 화롯불이 숨겨져 있다. 심지어는 상대방의 마음을 움직이게 만드는 아름다운 소통의 설계도가 숨겨져 있다. 그것의 중심에는 인간에 대한 사랑이 출렁거린다.

윤성호 시인은 충북 충주 출생으로 문명의 이기를 거부하고, 치열한 인간의 자기 정체성을 찾으려 몸부림치고 있는 현대판 랭보와 같은 존재다. 올해 등단 24년이 넘는 중견 작가로서 독특한 자기만의 작품군을 형성해 오고 있다. 특히 『풀꽃』 동인으로 활동하면서 묵묵하게 향토문학의 지평을 열고 있다.

이전 윤성호 창작시집 『어디쯤인가』의 시적 세계를 '사유(思惟)의 품격으로 쌓아올린 자아성찰(自我省察)의 집 한 채'로 압축할 수 있다면, 이번 윤성호 창작시집 『게으름의 미학』의 경우, '선 굵은 언어로 감성의 향기를 빚고, 영혼이 안주하는 서정의 저수지'를 축조하고 있다.

윤성호 시인의 시적 세계는 크게 두 가지 경향을 보인다.
첫째, 인생이 함축된 시적 안목을 바탕으로 감성의 패러다임을 구축하고 있다. 서정의 저수지 속에 깃든 삼라만상의 우주를 발견하고, 인간이 가진 따뜻함의 근원을 찾아내고 있다. 아울러 윤성호 시인의 정신세계는 깊은 사유의 울림으로 가득하다. 대자연 속에서 발화된 시심을 통해 인간의 한계상황을 무너뜨리는 육화(肉化)된 시어와 감동의 언어들이 생활철학의 깊이로 천착하며, 달관과 관조의 시선으로 점철된 만보(漫步)의 걸음을 걸으면서 세상을 노래하고 있다.

둘째, 창조적 상상력을 자유자재로 구가하고 있는 시적 장치 속에 역사의 고도 충주의 캐릭터(Character)를 터치하는 감성의 붓을 가지고 있다. 어두운 밤하늘을 밝히는 별을 간절히 그리워하는 풀잎의 그리움과 고독을 덧칠한다. 그 속에 잠든 영혼을 깨워 감동의 카타르시스(Catharsis)로 수놓고 있다. 윤성호 시인은 시의 향기로 길 잃은 영혼을 치유하는 시적 역량 또한 갖고 있다.

시인은 자신의 전매특허와 같은 특화된 캐릭터를 구가하고 있다. 바로 '충주 작가'이란 호칭을 받을 수 있을 만큼, 충주의 정체성을 구현하고 있다. 「중앙탑 연가」에서 이를 확인할 수 있다.

> 사랑이라 말하지 말자
> 보고파 그리워하는 그리움이라 하자
> 그 천년의 그리움
>
> 함께 있어 알지 못했던 고귀함과
> 멀리 있어 알게 된
> 망국의 서러움과 한(恨)
>
> 애써 외면해도 걷잡을 수 없이 타오르는
> 강대한 부국의 꿈은
> 천년의 억겁에도 떠나지 못하고
>
> 오늘도 어제처럼 붉게 오르는 태양처럼

이곳에 남아
천년 탑 치성으로 지재유경(志在有逕)

— 「중앙탑 연가」 전문

　중앙탑(충주 탑평리 칠층석탑)은 충북 충주시 중앙탑면에 있는 7층 석탑이다. 단순한 사랑의 감정보다 훨씬 깊은, 민족적 그리움과 역사적 상처, 그리고 희망의 열망을 담아낸 작품이다.
　'사랑이라 말하지 말자'라는 첫 구절에서 시인은 개인적 감정을 초월하여, 그리움이라는 보다 보편적이고 깊은 감정으로 접근한다. 이 '그리움'은 곧 천년의 시간 속에서도 사라지지 않는 민족의 정서이자, 역사 속에 묻힌 고귀한 기억이다. 특히 '망국의 서러움과 한(恨)'이라는 표현은 과거를 회상하면서도 현재에 깊이 뿌리내린 민족적 감정인 '한'을 강조하며, 단순한 향수가 아닌 절절한 역사적 고통을 상기시킨다. 그럼에도 시인은 '강대한 부국의 꿈'을 포기하지 않고, 그것이 '천년의 억겁에도 떠나지 못하고' 여전히 이 땅에 살아 있음을 밝힌다. '오늘도 어제처럼 붉게 오르는 태양처럼'이란 구절은 희망과 재생, 지속되는 의지를 상징한다. '지재유경(志在有逕)' 즉, '뜻이 있는 곳에 길이 있다'는 한자 성어로 마무리하면서, '역사의 무게 속에서도 앞으로 나아가야 한다'는 시인의 의지로 귀결된다. 단순히 과거를 회상하는 데 그치지 않고, 역사적 아품과 민족적 정서를 바탕으로 미래를 향한 굳건한 의지를 통해 감성적이면서도 사유가 깊고, 웅숭깊은 울림을 전한다.

시인은 충주에 대한 남다른 애정과 세심한 관심뿐 아니라, 「삼탄강변에서」를 통해 물아일체(物我一體)의 시선으로 따스하게 노래하고 있다.

    소백산맥 살며시 내려앉은 곳
    하늘 향해 우뚝 솟은 천등산과
    땅을 지배하고자 솟은 지등산
    사람을 닮아 후덕한 인등산
    그 안에 포근히 둘러싸여 있는 곳

    광청소 여울과
    소나무 여울
    따개비 여울이 어우러져 장관 이루니
    지나는 이 탄성에 하늘도 놀라고

    사철 물 맑아 찾는 이 수만
    가면 오고, 오면 가기 마련
    쉬 발걸음이 떠나지 않는 것은
    나로 하여금 예서 멈추게 하니
    천지도 놀라 삼탄이라네.

                      —「삼탄강변에서」 전문

시인은 단순한 자연 예찬을 넘어, 인간과 자연의 조화로운 관계, 그리고 그 안에서 발견되는 인간성(humanity)을 섬세하게 소명한다. 인용된 작품은 소백산맥의 부드러운 자락에서 비롯된 공간의 서정적 묘사로 시작되며, 천등산(하늘), 지등산(땅), 인등산(사람)이라는 삼위일체적인 산들의 형상은 단순한 지리적 이미지가 아닌, 우주적 조화 속 인간의 자리를 은유하고 있다. 하늘과 땅 사이에 '사람'이 있다는 구조는 곧 인간을 자연의 한가운데 놓는 인문학적 통찰로 이어진다. 인등산이 '사람을 닮아 후덕하다'는 표현은 자연 속에 투영된 인간의 덕성과 온정을 말하며, 자연을 바라보는 시인의 눈에 이미 인간에 대한 깊은 애정이 배어 있음을 보여준다. 또한, 광청소·소나무·따개비 여울이라는 생생한 자연 요소들이 어우러져 '장관'을 이루는 장면은 마치 사람들이 서로 어울려 살아가는 공동체의 모습이다. 시인은 그 조화로움 속에서 인간이 본래 지녀야 할 공존과 경외의 자세를 갈구한다. '가면 오고, 오면 가기 마련/ 쉬 발걸음이 떠나지 않는 것은/ 나로 하여금 예서 멈추게 하니'라는 시적 문장에서 인간의 정서적 귀속감을 강하게 드러낸다. 인간은 끊임없이 떠나고 돌아오는 존재이지만, 어떤 공간은 그를 머물게 한다. 그 이유는 자연의 아름다움 때문만이 아니라, 그 속에서 인간이 자신을 회복하고, 존재의 본질에 가까워지기 때문이다. 시인은 바로 그런 공간이 '삼탄'이라고 말하며, 인간 존재가 자연 안에서 비로소 온전히 완성된다고 인식한다. 인간이 자연을 통해 다시금 인간다움을 회복하는 순간을 따뜻하게 그려낸, 휴머니즘적 성찰이 깃든 시적 사색의 자화상이다.

시인은 대자연 속에 몰입하면서 충주의 LA「강변다방」을 찾는다.

> 헛한 농담 사이로 오가는 웃음소리
> LA 한국인의 날 페스티벌 미술 축제 전에 출품되어
> 대상을 받은 "가을 길목" 시구가 출입문 옆에 기대어 있고
> 그 아래 요염한 자태로 빨간 끈에 목을 맡긴 채
> 흐느적거리는 저렴한 가격표가 손님을 맞는
>
> 철 따라 피어나는 제철 과일과 군침을 돌게 하는
> 군것질 요리
> 거리 입맛을 다시게 하는 여덟 접시
> 사뿐히 앉아 기다리는 그곳
>
> 전통을 자랑하는 쌍화차 향이 사그라질 즈음
> 카드는 사양한다.
> 여기는 미국 LA
>
> ―「강변다방」 전문

시인은 '강변다방'을 충북 충주시 하풍1길에 위치해 있는 찻집임을 밝히고 있다. 「강변다방」은 미국 LA라는 이국의 도시 한복판에서 펼쳐지는 한인 사

회의 일상과 풍경을 섬세하게 포착하면서, 동시에 한국 고유의 정서와 전통을 잃지 않으려는 몸짓을 담담하면서도 날카롭게 드러낸다. 이런 시적 풍경은 단순한 향수 이상의 의미를 띤다. '가을 길목 시구가 출입문 옆에 기대어 있고/ 그 아래 요염한 자태로 빨간 끈에 목을 맡긴 채/ 흐느적거리는 저렴한 가격표'라는 구절은, 예술적 가치와 문화적 상징이 소비사회 속에서 값싼 상품으로 전락하는 모습을 은근히 풍자한다. 이는 전통이 단순히 '전시'되고, 시장 논리에 따라 격하되는 현실을 보여주는 동시에, 우리 고유문화가 단절의 위기에 처해 있음을 암시한다. 시의 배경은 미국 LA이지만, 등장하는 요소들은 쌍화차, 제철 과일, 군것질, 한글 시구 등 전형적인 한국의 정서로 가득하다. 그러나 '카드는 사양한다./ 여기는 미국 LA'라는 구절은, 그 모든 한국적인 요소들이 진짜 한국의 맥락 속에 있지 않음을 일깨우는 충격적인 반전을 던진다. 단순한 향수나 과거 회귀가 아닌, '살아 있는 전통'과 '현대적 의미'가 공존하는 지역 정체성의 재구성이 필요하다는 점에서, 시인은 그 회복의 과제를 진지하게 묻고 있다.

딸기밭이 즐비했던 '호암지'를 향한다. 「호암지 연가」를 확인할 수 있다.

춘분(春分) 지나
달려오는 태양은 따사로움을 더하고

양지바른 곳 돌 틈 사이 애정*이 무르익으면

세 살배기를 둔 아이 엄마는
춘곤(春困)에 취하여
나들잇길 나선다

그 시절 호암지*에 딸기가 익어 흐트러지면
엄마 손 잡고 나들이 가던 길
지금 그 길을 다섯 살 내가 걷고 있다.

까까머리, 까만 교복, 흰색 카라
우정*이 꽃피울 때면
능수버들 하얀 미소에
하루해가 짧던

시나브로 지고 없는 딸기꽃이지만
그 꽃향기 속에 손가락 걸며
맺은 약속은 그리움으로 다가와

지금 호수에 빛나는 은빛 아지랑이 따라
스멀스멀 울려 퍼지는 수화기 너머
서로에게 행복한 날들 기원하고 있다.

―「호암지 연가」 전문

  시인은 충북 충주시에 있는 저수지 '호암지(湖巖池)'를 소재한 한 작품을 진술하고 있다. 1990년대 초까지 딸기밭이 저수지 근처에 많이 있었음을 회고

한다. 인용된 '우정'이란 시어 속에 딸기꽃의 꽃말이 있다. 계절의 흐름 속에 녹아든 일상의 풍경과 개인의 추억을 그리며, 장소가 지닌 정체성과 그 회복의 가능성을 섬세하게 드러낸 작품이다. 시적 대상 '호암지'는 단순한 공간이 아닌, 기억의 수로이자 정체성의 거울로 기능하며, 충주라는 지역의 고유성과 회복의 열쇠로 자연스럽게 연결된다. '호암지'는 유년 시절의 나들이 장소이자, 사춘기 우정의 배경이고, 현재의 회상을 이끄는 정서적 원천이다. '엄마 손 잡고 나들이 가던 길/ 지금 그 길을 걷고 있다'는 구절은, 개인의 과거와 현재가 이어지는 지점에 호암지가 놓여 있음을 보여주며, 그곳이 단순한 자연 공간을 넘어 지역의 정체성을 품은 장소임을 드러낸다. 계절의 변화(춘분, 딸기꽃, 아지랑이)는 인간의 삶과 긴밀히 맞물려 시인의 삶을 이끈다. 그 변화 속에서 사람들의 일상과 감정이 차곡차곡 쌓여, 호암지가 단순한 지형이 아닌 기억의 무대, 감성의 거점으로 형상화된다. 지역의 자연과 인간의 서사가 조화롭게 어우러진, 감성적 정체성 회복의 모범적 시편이라 할 수 있다. 충주가 과거의 역사와 문화를 바탕으로 다시 지역 정체성을 되찾기 위해서는, 이 작품처럼 작은 일상 속 감정과 기억을 소중히 여기는 시선이 필요하다. 정체성 회복은 외형의 복원이 아니라, 마음속의 호암지를 깨우는 것이다. 시인은 바로 그 본질을 잊지 않도록 우리를 따뜻하게 붙잡아 준다.

시인은 「충주 연가」를 통해 충주를 세상에 알리고 있다.

　　삼면이 바다인 우리나라
　　삼면이 강인 우리 충주
　　살다 보면 정든다고

　　봄이면 진달래 향
　　사과꽃 만발하니
　　꿈동산이 예 있구나

　　돌아보니 이웃이요
　　정만 넘쳐흐르네

　　염 바다 너른 뜰과
　　가는 곳곳 풍성한 잔칫상
　　오곡백과가 다 모였네

　　탄금대 악성 그윽한 소리
　　소리 없이 죽은 충정
　　영원히 빛날지니

　　매연 없는 높은 굴뚝
　　살찌우는 우량 물품
　　예가 바로 충주로세

　　　　　　—「충주 연가」 전문

시인은 충주라는 공간이 단순한 지리적 단위를 넘어, 자연과 문화, 역사, 사람의 정체성이 어우러진 '살아 있는 고장'임을 힘 있게 전하고 있다. '삼면이 바다인 우리나라 / 삼면이 강인 우리 충주'라는 구절은 단순한 유사성의 언급이 아니라, 국가와 지역을 동일선상에 두며 충주의 지리적 위치를 상기시킨다. 이는 충주를 단지 한 도시가 아닌, 한국의 중심적 공간으로 인식하게 하는 출발점이자 자부심의 발화다. 충주의 정체성은 단순히 행정구역이 아닌, 강이라는 생명의 줄기를 품은 생태적 자산으로서 다시 읽힌다. '탄금대 악성 그윽한 소리/ 소리 없이 죽은 충정/ 영원히 빛날지니'는 충주가 단순한 생산지나 거주지가 아닌, 고귀한 정신성과 문화유산을 간직한 도시임을 나타낸다. 여기에는 역사적 인물과 사건, 유산을 통해 도시의 영혼을 되살리는 시인의 역할이 배어 있다. 이어지는 '오곡백과', '풍성한 잔칫상' 등은 충주의 농업적 풍요와 경제적 자립성을 함께 강조하며, 과거와 현재, 정신과 물질이 균형 잡힌 충주의 면모를 드러낸다. 윤성호 시인의 「충주 연가」는 충주를 단순한 지역이 아닌 한국 정신과 자연, 공동체의 조화로운 상징으로 그려낸다. 시인은 충주의 지리적 자산(강, 들), 문화유산(탄금대, 충정), 삶의 온기(이웃, 잔칫상)를 결합시켜, 정체성이란 외적으로 주어지는 것이 아니라 그 안에 깃든 이야기를 발견하고 자긍심으로 되살리는 것임을 말하고 있다. 충주의 정체성은 과거를 잊지 않고, 현재를 사랑하며, 미래를 준비하는 '살아 있는 노래'다. 영혼을 깨우는 진심 어린 연가(戀歌)다.

2. 디지털을 거부하는 아날로그의 강점, 대자연 속에 자연인 되다.

"자유롭게 살고 싶거든 없어도 살 수 있는 것을 멀리하라."

인용된 것은 톨스토이가 남긴 말이다. 자유로움이 그 행복점이라 할 수 있다.

디지털 시대에 접어들면서 우리는 편리함과 속도를 얻었지만, 그만큼 자연과의 연결은 점차 희미해지고 있다. 톨스토이는 본질에서 멀어진 삶이 자유를 해친다는 통찰을 남겼다. 이는 단지 디지털 문명의 비판에 그치지 않고, 인간 본연의 삶에 대한 성찰로 이어진다. 윤성호 시인에게 있어 '게으름의 미학'에서 '게으름'은 나태함이 아니라, 쉴 틈 없이 움직이는 삶에 대한 저항이자, 자기 내면을 성찰할 수 있는 여백의 확보다. 디지털 시대의 과잉 자극 속에서 인간은 끊임없이 생산성과 연결성을 강요받는다. 그러나 자연인(自然人)은 이러한 속박에서 벗어나 자연의 리듬과 함께 숨 쉬며, 자연 그 자체와 공존한다. 여기서 '게으름'은 자연과 함께 사는 삶에서의 리듬과 일치한다. 무언가를 끊임없이 '해야만 하는' 삶이 아닌, 해야 할 때가 왔을 때 행동하는 삶 — 즉, 순환과 순리의 철학 속에서 살아가는 것이다. 시인에게 있어 자유인은 인위적 욕망과 속박으로부터 벗어난 존재이며, 자연인은 인위적 문명이 아닌 자연의 질서에 몸을 맡기는 자다. 이 둘이 만나는 지점은 디지털로부터 거리를 두고 자연 속으로 들어간 삶이다. 현대사회에서는 오히려 문명의 이기를 '거부'하거나 '절제'함으로써 진정한 자유를 얻을 수 있다. 이때 자연은 그저 배경이 아니라, 인간 존재의 근원적 방식으로 돌아가는 거울이다. 이러한 삶의 태도는 '관조(contemplation)의 자세'와도 깊이 닿아 있다. 관조는 행동보다 '존재'를 우선시하며, 사물과 자연, 그리고 자기 자신을 있는 그대로 바라보는 태도다. 이는 디지털 시대의 '속도'와 '효율'에 정면으로 반기를 드는 태도이기도 하다. 자연인은 관조함으로써 자연의 소리, 계절의 변화, 바람의 흐름 등을 인식하며 그것들과 하나 되어 살아간다. 여기에는 어떠한 조작도, 인위도 없다. 이에 디지털을 거부하는 아날로그적 삶, 나아가 자연 속의 삶은 인간이 진정으로 자유로워질 수 있는 방향 중 하나다. 톨스토이의 말처럼 없어도 사는 것들을 덜어내고, 자연의 리듬에 몸을 실으며, 관조적 자세로 삶을 살아갈 때 우리는 비로소 자유와 행복의 경계선에 다가설 수 있다. 이는 단순한 '은둔'이 아니라, 스스로 선택한 삶의 태도이자 철학이며, 디지털 문명 속에서 살아가는 우리에게 던지는 묵직한 질문이기도 하다.
 시인은 일회성 정책을 비판한다. 바로 「블랙홀」에서 이를 확인할 수 있다.

   뉴스를 보다 잠이 들었다
   지하 고속도로를 건설하겠단다
   미친 짓이다

   결혼을 안 한다
   출산을 하지 않겠다
   인구절벽이다

   인구 소멸 도시 순위는
   매년 늘어만 가는데
   소멸 도시 갱생 계획은 없이
   또 고속도로를 놓는단다
   더 빠르게

   그 길을 따라가면
   종착지는 서울이고
   서울은 그렇게 블랙홀처럼
   사람을 집어삼키고

   사람 떠난 시골에서는
   호화주택이 무너지고
   묵혀지는 옥토는 다시 숲으로 돌아간다고

신명 나서 춤을 추고.

　　―「블랙홀」전문

　인용된 「블랙홀」은 표면적으로는 한 편의 짧은 뉴스 시청 후 잠이 드는 일상의 장면에서 시작하지만, 그 안에는 우리 사회가 직면한 심각한 문제들이 응축되어 있다. 지하 고속도로 건설이라는 거창한 계획은, 시인의 눈에 '미친 짓'으로 비친다. 이 강한 표현은 단지 감정의 발화가 아니라, 실질적 문제 인식에서 비롯된 비판이다. 결혼과 출산을 포기하는 세대, 해마다 증가하는 인구 소멸 도시. 이처럼 무너져가는 지역 사회의 기반을 되살릴 고민은 없이, 속도와 연결만을 우선시한 채 또 다른 도로를 건설하는 모습은 시대착오적인 대응으로 비춰진다. 시는 이러한 정책의 방향성이 결국 서울이라는 '블랙홀'을 더욱 강화시키고, 지방의 공동화는 가속화될 뿐임을 날카롭게 지적한다. 흥미로운 것은, 사람이 떠난 시골에서 자연은 되살아난다는 시적 진술이다. '묵혀지는 옥토는 다시 숲으로 돌아간다고 / 신명 나서 춤을 추고.'이 대목은 인간 중심 개발의 허망함을 역설적으로 드러내며, 자연이 본연의 질서를 회복하는 풍경을 아름답게 그린다. 아이러니하게도, 무너진 인간의 계획 속에서 자연은 오히려 살아난다. 시인은 일회성 정책이나 겉치레성 개발 계획에 경종을 울린다. 사람 없는 길, 비어가는 도시 위에 깔리는 고속도로는 결국 '무의미한 플랜'이다. 진정한 회복과 미래를 위해 필요한 것은 콘크리트가 아니라, 사람을 살리는 정책, 지역을 숨 쉬게 하는 상상력이다. 「블랙홀」은 그러한 질문을 조용하지만 묵직하게 우리에게 던진다.

시인은 '늦음의 철학'을 추구한다. 「게으름의 미학」에서 확인할 수 있다.

> 그대 예서 한걸음 쉬어가면 어떨까요.
> 너보다는 한 발짝 더 나아가는 것이 아니라
> 함께여서 행복할 수 있는 그런 시간을 가짐이
> 한발 늦게 간다고 누가 나무라지도 않는데
> 왜 빨리빨리 가려고만 하시나요.
>
> 예로부터 우리는 한숨의 여유를 즐기는
> 그런 한가로움이 함께 했다고 하는데
> 언제부터 이리 바삐 움직여야 하는 시간을
> 품고 살아야만 했을까요.
>
> 그대 바람이 불고 있죠.
> 무엇이 보이나요.
> 잠시 걸음을 멈추고 눈을 감아보아요
> 숨이 보이던가요.
> 아님
> 여유가 보이던가요.
>
> 삶은 스스로 자전과 공전을 하는 둥근
> 그대 표면을 걷고 있잖아요.

때로는 슬프고
때로는 괴로워도 그대는
빨리 가거나 늦추어지거나 하지 않잖아요.
그대처럼 늘 그렇게
보내고 바라보면 어떨까요.

그대 옆서 한숨 돌려보내고 간들 무엇이 바뀔까요.
너보다 한걸음 뒤에서 걷는다 한들 무엇이 달라질까요.
많은 것이 바뀌고 달라져 있을까요

아닙니다.
그대 옆서 바라본다면
그대는 항상 그 자리에 그렇게
아름다운 모습으로 있을 것입니다.

잠시 옆을 바라본다면 말이죠.

―「게으름의 미학」 전문

시인은 「게으름의 미학」을 통해 바쁜 현대인의 삶에 조용히 제동을 걸며, 속도와 효율로 대변되는 디지털 시대의 강박을 부드럽게 비틀고 있다. '그대 옆서 한걸음 쉬어가면 어떨까요'라는 첫 구절은 단순한 권유가 아니라, 근본적인 삶의 태도를 되돌아보게 하는 물음이다. 이것은 빠름을 미덕으로 여기는 현대 문명에 대한 '아날로그적 저항'이자, '늦음의 철학'을 담은 성찰의 시이다. 시인은 빨리 가는 것이

능사가 아니라, 함께 걷고, 멈춰서 바라보는 그 여유 속에 진정한 삶의 가치가 있다고 말한다. '한발 늦게 간다고 누가 나무라지도 않는데/ 왜 빨리빨리 가려고만 하시나요'라는 대목은, '빨리빨리'를 삶의 기본값으로 여기는 오늘의 한국 사회에 대한 따뜻한 반문이다. 여기에는 기술이 주는 편리함 속에서 점차 사라져가는 '인간적인 삶의 속도'에 대한 아쉬움과 그 회복에 대한 간절함이 스며 있다. 또한 장자(莊子)의 철학처럼, 시인은 삶을 '유유자적(悠悠自適)'하게 바라보는 관조의 시선을 제안한다. 바람을 느끼고, 숨을 들여다보며, 지금 여기의 여유를 회복하는 것 — 그것이야말로 인간을 인간답게 만드는 미학이다.

디지털 사회가 추구하는 정확하고 빠른 삶의 리듬이 오히려 인간을 소외시키고 있다는 점에서, 이 시는 기술에 대한 거부가 아닌, 삶에 대한 재구성을 요청한다. 이에 따라 게으름을 찬양하는 것이 아니라, 지혜로운 느림, 관조의 여유, 함께함의 아름다움을 회복하자는 아날로그적 사유의 요청이다. 노장철학의 무위(無爲)와 자연(自然)을 오늘날의 언어로 풀어낸 이 시는, 속도의 시대에 보내는 느린 반항이자, 깊은 삶의 안부다.

시인은 무소유의 미학, 나눔의 철학에 심취한다. 「밤송이」에서 확인할 수 있다.

너의 작은 입
있는 대로 쩍 벌려
너 다 가지라고
줄 것은 다 주었다고
찬바람이 오기 전에 모두 내어놓고
수만 개의 가시만 있는
빈 주머니밖에 없다고
함박웃음 매달려 있다.

어둠이 모든 것을 앗아도
새벽 달빛에 취해 고개 내밀다
곤두박질쳐도
줄 것은 쭉정이도 없다고
작은 입 크게 벌려 웃으며
자기도 이제 내려갈 것이라고
조심하라고 손짓한다.

―「밤송이」 전문

  인용된 작품은 자연이 우리에게 건네는 겸허한 선물과 그 안에 담긴 삶의 철학을 따뜻하게 품고 있다. 겉으로는 단단하고 날카로운 가시로 무장한 밤송이가, 사실은 모든 것을 주고 빈 주머니로 남아 조용히 웃고 있다는 사실은 놀라운 역설이며, 자연의 무언의 가르침이다. '너 다 가지라고/ 줄 것은 다 주었다고'라는 것은 밤송이가 결실을 맺은 후, 찬바람이 오기 전 미련 없이 속을 내어주는 모습이다.

이는 자연이 가진 무소유의 미학, 나눔의 철학을 드러낸다. 인간은 흔히 더 많이 가지려 애쓰지만, 자연은 줄 것이 있으면 아낌없이 내어주고, 빈 껍질이 되어도 자족하며 환하게 웃는다. 그 겸손함과 담백한 삶의 태도 속에서 오히려 참된 행복이 보인다. 시인은 밤송이의 모습에서 자연이 들려주는 소박한 위로와 지혜를 읽어낸다. 밤송이처럼 자연은 늘 묵묵히 제 몫을 다하고, 모든 것을 주고 나면 말없이 사라진다. 시인은 그런 자연을 통해 '행복이란 무엇을 더 갖는 것이 아니라, 무엇을 다 주고도 웃을 수 있는 마음'임을 일갈한다. 시는 그러한 자연의 품에서 얻는 조용한 깨달음이자, 인간에게 전하는 조언이다. 따라서 '밤송이'는 단순한 자연 관찰이 아니라, 자연 속에서 주는 기쁨, 비우는 미덕, 사라짐의 평온함을 읽어내는 따뜻한 서사이며, 이 삭막한 세상에서 우리가 어떤 존재로 살아가야 할지를 조용히 묻는다. 자연은 언제나 그렇듯, 말없이도 가장 큰 진실을 들려주고 있다.

시인은 계절의 변화에도 감성이 움직인다.「까치밥」에서 이를 확인할 수 있다.

> 포만감에 취한 가을
> 황금빛으로 물들여 놓고
> 나아 앉은 눈부신 햇살과
> 풀잎 끝에 달린 이슬방울

가을걷이가 끝난 뒷자리
주인 잃은 까치밥 하나
벌거벗은 나무 끝에
애처롭게 매달려 떨고 있다.

―「까치밥」 전문

  인용된 작품은 감성의 세밀화 경향을 발견할 수 있다. 지나치게 관념적이거나 이념적인 시에서 벗어나 자연과 일상, 인간의 감성을 섬세하게 포착하며, 감성의 회복과 정서적 교감을 중시한다. 절제된 언어, 서정적 이미지, 자연과의 조화를 중시한다. 자연의 섬세한 관찰과 묘사의 시적 역량이 탁월하다. '풀잎 끝에 달린 이슬방울', '눈부신 햇살', '벌거벗은 나무 끝' 등은 자연 풍경을 시각적이고 감각적으로 포착하며, 서정적 정취를 불러일으킨다. 감정을 겉으로 직접 드러내기보다는, 자연의 사물(까치밥, 나무, 이슬 등)에 감정을 이입함으로써 시적 울림이 전해진다. '애처롭게 매달려 떨고 있다'라는 구절은 슬픔이나 외로움을 직접 말하지 않고, 대상을 통해 감정을 암시하는 방식이다. 일명 신서정주의의 정서적 절제와 내면화된 감성 표현과 부합한다. '주인 잃은 까치밥'은 자연 속에서 남겨진 것, 소외된 존재를 상징하며, 인간의 외로움이나 덧없음을 상징적으로 드러낸다. 자연과 인간의 경계를 무너뜨리며, 인간 존재의 정서적 투영이 이루어지고 있다는 점에서,

인간 중심적 감성 회복을 보여준다. 작품 속에 정치적이거나 관념적인 요소가 전혀 없으며, 오롯이 계절의 변화와 감정의 미세한 떨림에 집중한다. 시인은 자연에 대한 감각적 관찰을 바탕으로, 인간의 정서를 간접적으로 드러내며 절제된 언어와 섬세한 이미지로 감성을 환기하고 있다. 삶의 덧없음, 외로움, 남겨짐 등의 인간적 정서가 자연의 이미지 속에 녹아들며, 정서의 회복과 자연과의 교감을 잘 드러낸다. 따라서 신서정주의의 대표적인 미학적 경향을 잘 구현한 수작이라고 볼 수 있다.

  시인은 삶의 불안정성을 직시한다. 「거미집」에서 확인할 수 있다.

> 잠시 자리를 비운 사이
> 놈은 보이지도 않는
> 실타래를 풀어 헤치며
> 작은 왕국을 건설하고 있다.
>
> 알려주지 않았어도
> 타고난 습성대로
> 습한 대지를 포용하듯
> 날실을 풀어
> 왕국을 건설하고 있다.
>
> 주어진 영토는 없어도
> 자리한 곳이 영토이기에
> 한 치의 오차도 없이

누구라도 범접지 못하도록
촘촘히 제 왕국을 건설하는 것이다.

삼엄한 경계의 시선이 멈춘 곳에는
왕국의 침입자가 소리 없이
방문하여 호들갑을 떨고 있다.

—「거미집」 전문

　인용된 '거미집'은 작고 연약한 존재인 '거미'가 자신만의 방식을 통해 치열하게 삶의 터전을 구축해 가는 모습을 그리고 있다. 개인의 생존, 노동, 경계, 경쟁적 현실에 대한 은유로 읽힌다. 현실인식의 시는 시인이 당면한 사회적, 정치적, 경제적 현실을 직시하거나 그 이면을 비판적으로 성찰하는 작품이다. 시적 화자가 현실의 부조리, 불평등, 인간의 조건을 고민하며, 이를 직접적이거나 은유적인 방식을 동원하며 극적 효과를 자아낸다. '거미'는 현실 속 개별 주체(노동자, 서민, 개인 등)의 은유로 볼 수 있다. '놈', '타고난 습성대로', '주어진 영토는 없어도' 등의 시어에서, '거미'는 인간 사회 속에서 자기 자리를 스스로 확보해야 하는 현실의 존재를 상징한다. 누구도 주지 않은 삶의 터전, 주어진 자원 없이 스스로 구축해야 하는 구조는 자본주의 사회에서 개인 생존의 처절함을 암시한다. '거미줄'은 노동과 생존의 결과물이다. '보이지도 않는 실타래', '한 치의 오차도 없이', '촘촘히'라는 시적 진술은 정교함과 집

요함, 즉 삶을 유지하기 위한 노동의 치열함을 드러낸다. 보이지 않는 노력, 무형의 자산, 끊임없는 긴장 속에서 유지되는 삶이라는 현실의 구조를 상징적으로 보여준다.

'삼엄한 경계'와 '침입자'는 일종의 경쟁과 위협의 대상이다. '범접지 못하도록', '왕국의 침입자' 등의 구절은, 현실 사회의 경쟁적 구조, 자기 영역을 지키려는 불안, 타자의 간섭에 대한 경계심을 보여준다. 특히 '소리 없이 방문하여 호들갑을 떨고 있다'라는 역설적인 구절은 타인의 무심한 침범과 개인의 필사적인 저항 사이의 괴리를 보여준다. 시인에게 있어 '거미집'은 단순한 자연의 한 장면이 아니라, 거미라는 존재에 인간 현실을 투영함으로써, 현대사회에서 개인의 생존 방식, 노동, 경쟁, 경계 의식 등을 표현한 작품이다. 이는 시인이 사회적 현실을 인식하고 그것을 형상화한 현실 참여적 시각을 보여주는 예라고 할 수 있다.

따라서 인용된 작품은 자연을 소재로 하되, 그 이면에 치열하고 불안정한 인간 현실에 대한 성찰을 담은 현실 인식의 시로 읽을 수 있다.

윤성호 시인의 시집 『게으름의 미학』은 단순히 '게으름'을 옹호하거나 나태함을 미화하는 것이 아니라, 빠름과 효율이 지배하는 디지털 시대에 대한 비판적 성찰과 함께, 자연과 인간 본연의 리듬에 가까운 삶의 태도를 시적으로 제시하고 있다는 점에서 중요한 의미를 지닌다. 이 시집은 지역성과 생태적 감수성, 그리고 존재론적 성찰을 중심으로 독특한 서정적 세계를 구축하고 있나. 충주리는 공간익 재발견을 통해 지역성과 정체성 회복하고 있다. 시인은 중앙탑, 삼탄강, 호암지, 탄금대 등 충주의 실제 지명을 시적 배경으로 삼아 지역의 역사, 자연, 정서를 시로 복원한다. 이러한 시적 행위는 단지 고향에 대한 향수에 그치지 않고, 지역적 정체성을 회복하고, 균질화된 현대사회 속에서 고유한 장소성과 문화성을 되살리는 작업이다. 즉, 『게으름의 미학』은 충주라는 공간을 하나의 '시적 연가(戀歌)'로 완성하며, 장소가 가진 고유한 감정과 기억을 불러일으키는 시집이라 평가할 수 있다.

이 시집에 등장하는 '게으름'은 자연과 공존하는 느림의 철학이다. 이 시집에서 말하는 '게으름'은 나태함이나 무위(無爲)가 아니라, 과속하는 사회에 대한 저항이자 생태적 삶의 전환을 요구하는 태도다. '게으름'은 빠르게 소비되고 소모되는 디지털 세계와는 반대편에 있으며, 자연의 순리, 계절의 흐름, 인간의 감각을 회복하는 방향으로 나아가는 삶을 상징한다. 이는 헨리 데이비드 소로의 『월든』에서 말하는 자연 속에서의 자발적 단순함과 고요한 삶과도 맞닿아 있다.

디지털 시대의 거부감도 피력하면서 아날로그적 미학의 옹호도 담아내고 있다. 시인은 디지털로 상징되는 속도, 편의, 연결의 시대에 대한 내적 거부를 시적 태도로 드러낸다. 대신, 몸으로 느끼고, 자연 속에서 감각을 통해 체험하는 아날로그적 삶을 시를 통해 복원합니다.

  이는 시 자체의 본질적 속성(느림, 음미, 정지, 되새김)과도 통하며, 시의 존재 가치를 되새기게 만든다. '게으름'은 단순한 생활 태도가 아니라 존재의 방식이다. 자연과 인간의 경계를 허물고, 스스로 자연의 일부가 되는 시적 화자의 자세는 존재론적 겸허함과도 연결된다.

  이는 인간 중심주의를 넘어서는 포스트휴먼(Posthuman) 또는 생태 철학적 사유로도 확장 가능하다. 인간이 세상의 중심이 아님을 인식하고 조화롭게 살아가는 존재로서의 자리매김을 모색하는 시적 성찰이다.

  윤성호 시인의 『게으름의 미학』은 충주라는 지역성과 개인적 정체성을 바탕으로, 디지털 시대의 속도와 효율성에 맞선 자연 친화적이고 생태적인 삶의 철학을 제시한 시집이다. '게으름'은 퇴행이 아니라 회복의 감각, 자연과 함께 호흡하며 살아가는 존재로서의 자각이며, 아날로그적 삶의 가치를 재조명하는 시적 개념이다. 이 시집은 단지 개인적 사색이 아닌, 현대 문명 비판과 생태적 삶의 전환을 요구하는 시적 선언으로 평가할 수 있다.

윤성호 시인은 『게으름의 미학』이란 시집을 통해 통찰의 선 굵은 언어로 감성의 향기를 빚고 감동의 메시지를 분출하고 있다.

　『게으름의 미학』은 영혼이 안주하는 서정의 저수지를 축조하여 카타르시스의 정화작용을 불러일으키는 우리 시대의 보금자리로 명명한다.

문학세계대표작가선 1054

게으름의 미학

윤성호 제2시집

인쇄 1판 1쇄   2025년 8월 11일
발행 1판 1쇄   2025년 8월 18일

지 은 이 : 윤성호
펴 낸 이 : 김천우
펴 낸 곳 : **문학세계** 출판부 / 도서출판 **천우**
등   록 : 1992. 2. 15. 제1-1307호
주   소 : 서울시 광진구 구의강변로 85 강우빌딩 7F
전   화 : 02)2298-7661
팩   스 : 02)2298-7665
http://cafe.naver.com/chunwu777
E-mail : cw7661@naver.com

ⓒ 윤성호, 2025.

값 18,000원

＊이 책은 충주시, 충주문화관광재단(www.cjcf.or.kr)의 후원을 받아
  충주문화예술지원사업 지원금으로 제작되었습니다.
＊도서출판 천우와 저자의 서면 동의 없는 무단 전재 및 복제를 금합니다.
＊저자와의 협의에 따라 인지는 생략합니다.

ISBN 978-89-7954-961-4